BEI GRIN MACHT SICH IHR
WISSEN BEZAHLT

- Wir veröffentlichen Ihre Hausarbeit,
  Bachelor- und Masterarbeit

- Ihr eigenes eBook und Buch -
  weltweit in allen wichtigen Shops

- Verdienen Sie an jedem Verkauf

Jetzt bei www.GRIN.com hochladen
und kostenlos publizieren

Bibliografische Information der Deutschen Nationalbibliothek:

Die Deutsche Bibliothek verzeichnet diese Publikation in der Deutschen National-
bibliografie; detaillierte bibliografische Daten sind im Internet über http://dnb.d-
nb.de/ abrufbar.

Impressum:

Copyright © 2016 GRIN Verlag, Open Publishing GmbH
Druck und Bindung: Books on Demand GmbH, Norderstedt Germany
ISBN: 9783668210103

Dieses Buch bei GRIN:

http://www.grin.com/de/e-book/321235/reisen-als-motiv-in-der-literatur-ein-ver-
gleich-von-heines-harzreise

Lilly Schimmank

Reisen als Motiv in der Literatur. Ein Vergleich von Heines "Harzreise" und Herrndorfs "Tschick"

GRIN Verlag

GRIN - Your knowledge has value

Der GRIN Verlag publiziert seit 1998 wissenschaftliche Arbeiten von Studenten, Hochschullehrern und anderen Akademikern als eBook und gedrucktes Buch. Die Verlagswebsite www.grin.com ist die ideale Plattform zur Veröffentlichung von Hausarbeiten, Abschlussarbeiten, wissenschaftlichen Aufsätzen, Dissertationen und Fachbüchern.

Besuchen Sie uns im Internet:

http://www.grin.com/

http://www.facebook.com/grincom

http://www.twitter.com/grin_com

Inhalt

1.Vorwort

„Im Krankenhaus gibt es echte Scheißtage. Aber es gibt auch Tage, an denen man richtig glücklich ist. Hier drinnen ist alles viel intensiver – die guten Gefühle und die schlechten. Heute ist ein guter Tag." – Albert Espinosa

Diese Aussage stammt von Albert Espinosa, der an Krebs litt und dies während seines 10-jährigen Krankenhausaufenthaltes sagte. Seine Worte haben mich sehr berührt und in seinen Büchern verfasst er sein Leben und beschreibt seine Vergangenheit als eine Reise. Als ich dies las, stellte ich fest, dass es so viel mehr Arten des Reisens gibt, als man im ersten Augenblick vermutet. Ich hatte das Wort „Reisen" einige Zeit im Kopf und lies meine persönlichen Erlebnisse Revue passieren. Während dieses Gedankenganges, entstand meine Idee mich in meiner Komplexen Leistung mit dem Thema Reisen in der Literatur zu beschäftigen, da ich gerne lese und dies miteinander verknüpfen wollte.

Gemeinsam mit meiner betreuenden Fachlehrerin, Frau Weber, entschied ich mich für das Thema: „Reisen als Motiv – Ein Vergleich von Heinrich Heines „Harzreise" und Wolfgang Herrndorfs „Tschick", bei denen es sich um zwei verschiedenste Werke handelt, die einen Veröffentlichungszeitraum von fast 200 Jahren umspannen.

Schon während ich die beiden Werke gelesen habe, ließen sich Parallelen feststellen und ich erkannte, dass es nicht nur in der Art des Reisens Unterschiede gibt, sondern auch in den Gründen für eine Reise. Doch neben den Ähnlichkeiten die sich im Buch auffinden ließen, stieß ich auch auf Gegensätzlichkeiten, die sich sowohl im Inhalt und Verlauf der Geschichten als auch im Aufbau der Bücher finden lassen.

Während ich mich mit beiden Werken beschäftigt habe, kamen mir viele verschiedene Gedanken, mit denen ich mich auseinander setzen kann. Allerdings will ich mein Hauptaugenmerk auf die inhaltliche Beleuchtung setzen. Dabei konzentriere ich mich besonders auf die Hauptfiguren, deren Charakter sowie die Beweggründe für ihre Reise. Doch auch der Vergleich der formalen Merkmale soll nicht außer Acht gelassen werden.

Meine gesamte Bearbeitung von „Die Harzreise" sowie „Tschick" werde ich auf vergleichende Weise vollziehen.

Nun startet meine Reise durch die Literaturwelt verschiedener Charaktäre!

2. Autoren

2.1. Heinrich Heine

Heinrich Heine, der eigentlich Harry heißt, wird am 13.12.1797 in Düsseldorf als ältester Sohn von 4 Kindern einer jüdischen Familie geboren.

Er besucht das Gymnasium in seiner Heimatstadt und 1815 beginnt er in Frankfurt am Main eine Handelslehre. Heine geht nach Hamburg zu seinem Onkel Salomon, da dieser dort einen größeren Handelsbetrieb leitet.

1819 schreibt er sich in Bonn an der Universität in der juristischen Fakultät ein und besucht nebenbei Vorlesungen der Literaturwissenschaft.

Im folgenden Jahr arbeitet er an einem Trauerspiel, sowie Gedichten und der Aufsatz „Über Polen" bildet den Vorläufer für seine späteren Reiseberichte.

1821 geht er nach Berlin und hört Vorlesungen von Juristen und Philosophen. Heine schreibt „Briefe aus Berlin" und weitere Gedichte. Um sein Jurastudium abzuschließen geht er 1824 nach Göttingen zurück.

Ostern desselben Jahres reist er nach Berlin, um Freunde zu besuchen und im Herbst entsteht „Die Harzreise", die auf seinen Reiseerlebnissen durch den Harz basieren.

Um eine Stelle im Staatsdienst zu bekommen, muss er christlich sein und so lässt er sich 1825 taufen. Doch sämtliche Versuche als Jurist in den Staatsdienst einzutreten scheitern.

Sein dichterisches Schaffen der nächsten Jahre wird von seinen Eindrücken der Natur auf der Nordseeinsel Norderney im späten Sommer 1825 beeinflusst. Diese Eindrücke verarbeitet er in „Nordseebildern".

Heine reist im folgenden Jahr nach London und mit dem Erscheinen von „Buch der Lieder" wird er berühmt.

4 Jahre später geht er nach Paris und lernt dort unter anderem Alexander von Humboldt und Marx kennen.

Nach weiteren 10 Jahren heiratet er am 31.8.1841 Mathilde. Nachdem er nun 12 Jahre in Paris gelebt hat, besucht er aufgrund von Heimweh Deutschland. Als er nach Frankreich zurückkommt, schreibt er „Deutschland. Ein Wintermärchen" und beschäftigt sich in diesem Werk mit seiner Enttäuschung über die Notlage in Deutschland.

Auch 1844 reist er gemeinsam mit seiner Ehefrau nach Deutschland. Ende dieses Jahres erfährt Heinrich Heine vom Tod seines Onkels und die folgenden Erbstreitigkeiten belasten ihn psychisch sehr und tragen zu seinem immer schlechter werdenden Gesundheitszustand bei.

Sein Tanzpoem „Der Doktor Faust" wird nach der Fertigstellung 1847 veröffentlicht.

Noch bevor die Februarrevolution 1848 ausbricht, verschlechtert sich seine Gesundheit. Er erleidet Krämpfe, die vom Rückenmark ausgehen und ist fortan ans Bett gefesselt. Dennoch arbeitet Heine weiter an seinen Artikeln für die „Allgemeine Zeitung" und am „Romanzero".

Im Folgejahr stirbt Heinrich Heine am 17. Februar 1856 in Paris und wird 3 Tage nach seinem Tod ohne Feierlichkeit, nur im Kreis der Freunde beerdigt.

2.2. Wolfgang Herrndorf

Am 12. Juni 1965 wurde Wolfgang Herrndorf in Hamburg geboren.

Da keine Biografie von ihm existiert, findet man bis zum Jahr 2010 nur wenige Informationen über Herrndorf.

Nach seinem Schulabschluss studierte er in Nürnberg an der Akademie der Bildenden Künste Malerei. Danach hat er in Berlin als Illustrator für Satirezeitschriften, wie „Luke & Trooke" und „Titanic" gearbeitet.

2002 veröffentlichte er erstmalig eines seiner Werke. Dies war „In Plüschgewittern".

Im Alter von 45 bekam er die Diagnose, dass er an einem bösartigen Hirntumor leidet. In den folgenden 3 Jahren muss er sich in Berlin Chemotherapien, Bestrahlungen und Operationen unterziehen. Während dieser Zeit verfasst er ein Tagebuchblog und berichtet darin von seiner gesundheitlichen Lage, sowie Arbeitsprojekten. Dieser Blog nennt sich „Arbeit und Struktur" und wurde im Internet veröffentlicht.

2011 bekam Herrndorf den „Deutschen Jugendliteraturpreis" für sein im Vorjahr erschienenes Werk „Tschick".

„Wolfgang Herrndorf hat sich am Montag, den 26. August 2013 gegen 23.15 Uhr am Ufer des Hohenzollernkanals erschossen." [1]

Er beging Suizid, da er einen Monat zuvor Rezidiva diagnostiziert bekam und weitere Therapien zwecklos waren.

3. Inhaltsangaben

3.1. „Die Harzreise"

Im Werk „Die Harzreise", welches anlässlich Heines` Wanderung im Herbst 1824 entstand, beschreibt er seine Reise zu Fuß durch den Harz, auf der er an verschiedenen Stationen verweilt und viele Menschen kennenlernt.

Anfang beschreibt er das Leben in Göttingen, wo er seine Wanderung beginnt. Die erste Übernachtung seiner Reise war in Osterode. Am darauf folgenden Tag besichtigt er die Osteroder Burg. Ein weiteres Stück seines Weges geht er mit einem Schneidergesellen über zwei Orte. Nachdem er in einem Gasthaus zu Mittag gegessen hat, besucht er zwei Gruben. Die Gruben „Karolina" und „Dorotea" beschreibt er ausführlich und bildhaft.

Den darauf folgenden Tag führt ihn seine Reise weiter nach Goslar und er spricht vom herrlichen Blick auf den Rammelsberg. Seine Gedanken handeln von Unsterblichkeit sowie Furcht und er träumt von der Begegnung mit einem Geist, aus der er lernt, dass es keine Gespenster gibt.

Nach einer weiteren Übernachtung geht seine Wanderung weiter zu einem Freund seines Bruders nach Klausthal.

Am Folgetag kommt er am Fuße des Brockens an und erreicht somit den ersten Höhepunkt seiner Reise. Er trifft auf einen Hirten und seine Herde Schafe. Auf diese Begegnung folgt die Besteigung des Brockens und er nächtigt im Brockenhaus. Heine berichtet „von der Begegnung mit anderen Reisenden und von einer durchzechten Nacht mit Studienfreunden." [2]

Am nächsten Morgen erlebt Heine einen herrlichen Sonnenaufgang und abschließend erfährt der Leser vom Abstieg des Brockens. Diese führt durch die Schneelöcher nach Ilsenburg.

Abschließend ist ein „Fragment" eingefügt, in dem von dem lieblichen Flüsschen Ilse berichtet wird. Schilderungen des Ilsensteins sowie Hinweise für die Weiterreise folgen. Die Reise soll über das Bodetal ins Senketal weiter gehen, auch die Roßtrappe wird erwähnt. Nach sechs Tagen und 5 Nächten ist seine Reise vorüber.

3.2. „Tschick"

Maik Klingenberg und Andrej Tschichatschow sind beide 14 Jahre alt und wohnen in Berlin. Andrej, genannt „Tschick" ist neu in Maiks Klasse. Die beiden sind nicht sehr beliebt. Weder in der Schule, noch Zuhause werden sie wirklich beachtet, denn Maiks Mutter ist Alkoholikerin und sein Vater scheitert in seinem Beruf mit Immobilieninvestitionen und ist Maik gegenüber gewalttätig. Tschick ist Russe und wohnt nur mit seinem älteren Bruder in Deutschland.

Die Jungen freunden sich an und kommen auf die Idee während ihrer bevorstehenden Sommerferien nach der 8. Klasse eine Reise in die Walachei zu unternehmen. Ihre planlose Reise ohne Karte und nur mit Schlafsäcken, Proviant und Klamotten starten sie in einem geklauten Auto und beenden sie auf der Autobahn nach einem Unfall.

Sie begegnen vielen Menschen und diese helfen Maik und Tschick aus ihren schwierigen Situationen heraus. Sie können bei einer Familie Mittag essen, können Dank Isa, die auf der Müllkippe wohnt, Benzin aus einem anderen Auto klauen und eine Sprachtherapeutin fährt sie nach einem Unfall ins nächste Krankenhaus und gibt ihnen sogar noch 200€ , damit sie nach Hause fahren können.

Die Freundschaft zwischen den Jungen entwickelt sich während ihres Abenteuers zu einer sehr engen Freundschaft. Und so halten die beiden in allen Situationen zusammen, verstehen sich ohne Worte und vertrauen einander Geheimnisse an, die sie niemandem zuvor erzählt haben. Auch die Flucht vor der Polizei meistern die beiden gemeinsam ohne größere Probleme.

Im Verlauf der gesamten Reise entwickelt sich nicht das Verhältnis der beiden Zueinander, sondern auch jeder von ihnen durchlebt eine Veränderung ihrer Persönlichkeit und nach den Ferien ist nichts mehr wie es vorher war. Denn nach ihrem zweiten Unfall am zehnten und letzten Tag ihrer Reise, muss Tschick in ein Heim und Maik ist in seiner Klasse nicht mehr der Außenseiter, welcher er noch vor den Ferien war.

4. Verlauf der Reisen

4.1. „Die Harzreise"

Die von Heine geschriebene „Harzreise" findet ihren Anfang in der niedersächsischen Stadt Göttingen, in welcher Heine selbst 1820 Rechts- und Kameralwissenschaft studiert hat. Die Reise führt ihn zunächst über die Ortschaften Weende, Nörten und Nordheim. Das lyrische Ich erreicht Osterode und nächtigt dort zum ersten Mal. Am Folgetag besichtigt es die Osteroder Burg. Ein Stück des weiteren Weges geht das lyrische Ich mit einem Schneidergesellen über Lerbach in die Stadt Klausthal. In dieser Stadt besichtigt es 2 befahrbare Gruben. Wie die Grubenbesichtigung, so findet auch seine Übernachtung in Klausthal statt. Am nächsten Morgen führt die Reise weiter nach Goslar, von wo aus das lyrische Ich einen wunderbaren Blick auf den Rammelsberg hat. Bis zum folgenden Tag nächtigt die lyrische Figur in Goslar und tritt seine Weiterreise wieder in Richtung Klausthal an, um einem Freund einen Besuch abzustatten. Auch an diesem Ort wird übernachtet. Gegen Mittag des nächsten Tages ist der Fuß des Brockens erreicht und somit der Höhepunkt der Reise. Es folgt die Besteigung des Berges und im Brockenhaus wird erneut genächtigt. Der nächste Morgen beginnt mit einem Sonnenaufgang und an diesem Tag erfolgt der Abstieg vom Brocken durch die Schneelöcher nach Ilsenburg.

In Heines Werk beschreibt er nur einen Abschnitt seiner selbst unternommen Reise. Über Wernigerode, Elbingerode und Rübeland gelangte Heine nach Eisleben. Diesen Wegabschnitt unternahm er mit Studienfreunden, die er in Eisleben aber verlässt und allein nach Halle weitergeht. In die Stadt Weimar geht er über Naumburg und Jena. Heine besucht Johann Wolfgang von Goethe in Weimar, doch nach dessen abweisendem Verhalten wanderte Heine enttäuscht über Kassel zurück nach Göttingen, wo er die Reise begonnen hatte.

4.2. „Tschick"

Die Reise der beiden beginnt an ihrem vierten Ferientag um vier Uhr morgens bei Maik Zuhause in Berlin, Marzahn. Mit einem, von Tschick geklauten, Lada brechen sie voll beladen zu ihrem Abenteuer auf.

Zunächst fahren sie in Richtung Süden, ohne sich sicher zu sein wie man nach Rumänien oder in die Walachei fährt. Sie nehmen dabei aber nur Nebenstraßen, da sie sehr unsicher und langsam fahren und so im Autobahnverkehr auffallen würden. Ihre Ideen nur Ortschaften mit dem gleichen Anfangsbuchstaben wie ihre Namen anzufahren oder deren Entfernung eine Primzahl gelingt ihnen nicht. Noch am selben Tag rauschen sie in ein riesiges Weizenfeld und werden anschließend von starkem Regen an der Weiterfahrt gehindert.

Ohne vom Besitzer des Feldes erwischt zu werden können sie fliehen und an diesem zweiten Tag lernt auch Maik das Autofahren. In einer Bäckerei treffen sie einen Klassenkameraden und beobachten, dass Polizisten Autokennzeichen kontrollieren. Daraufhin beschließen sie ihres zu ändern. Die Jungen wandern auf die Aussichtsplattform eines Berges und verbringen dort die Nacht.

Am Morgen des nächsten Tages kontrolliert Tschick, ob ihr Auto noch da ist und sie treffen auf eine Gruppe Radfahrer, die den beiden nicht annähernd ähnlich ist. Auf der Suche nach einem Supermarkt, um ihren Hunger zu stillen, werden sie von einer Familie zum Mittag eingeladen und bekommen zum Abschied einen Kürbis geschenkt. Ihren Einkauf erledigen sie danach und bemerken dann, dass ihr Wagen vor dem Polizeigebäude steht. Da der Polizist aufmerksam geworden ist flieht Tschick nach einem misslungen Täuschungsversuch mit dem Auto und Maik klaut das Fahrrad des Polizisten und macht sich ebenfalls aus dem Staub. Da beide momentan auf verschieden Wegen unterwegs sind, beschließt Maik zur Aussichtsplattform zurück zu kehren. Nach ewigem Warten findet Maik eine Nachricht von Tschick im Mülleimer, dass er ihn bald abholen wird.

Der folgende vierte Tag verläuft wie geplant und Tschick holt Maik mit dem umgespritzten und mit neuem Kennzeichen ausgestatteten Kennzeichen Lada ab.

Am fünften Tag laufen sie von einer Raststätte bis zur nächsten Müllkippe um einen Schlauch zu finden, mit dem sie Benzin klauen können. Dort treffen sie auf Isa, die ihnen beim Benzinklau hilft und die beiden die nächsten beiden Tage begleitet, obwohl Tschick das aufgrund ihres unangenehmen Körpergeruchs nicht möchte.

Der sechste Reisetag wird als Badetag für Isa genutzt, um sie von ihrem Gestank zu befreien.

Zu Beginn des siebenten Tages ihrer Reise soll Maik Isa die Haare schneiden und Maik ist vom Anblick des oberkörperfreien Mädchens irritiert. Auf Isas Frage, ob die beiden Geschlechtsverkehr haben möchte, reagiert er sehr verunsichert und lehnt ab. Jedoch einigen sie sich, es mit Küssen zu versuchen. Nach dem Frühstück gehen sie auf den Gipfel eines nahe gelegenen Berges. Dort finden sie ein Holzkreuz, in welchem sie mehrere Gravuren finden und sich selbst dort verewigen und beschließen, sich nach 50 Jahren wieder dort zu treffen. Zurück auf dem Parkplatz beschließt Isa mit einem Reisebus die Weiterreise anzutreten und leiht sich dafür 30 € von Maik.

Am achten Reisetag sind die beiden nun wieder alleine unterwegs und fahren in den Wald, da sie ein Polizeiauto in der Ferne sehen und nicht erwischt werden wollen. Über eine Brücke gelangen sie in ein einsames Dorf. Dort werden sie beschossen und lernen Horst Fricke kennen, der ihnen seine Lebensphilosophie offenbart und schenkt den Jungen zum Abschied ein angeblich lebensrettendes Exilier, welches Maik und Tschick jedoch wegschmeißen. „Auf der Suche nach einem fahrbaren Rückweg verlieren die Jungen die Orientierung." [3] Sie stürzen einen Hang hinab und überschlagen sich mit dem Auto mehrmals. Eine Frau will den beiden mit einem Feuerlöscher helfen und lässt diesen versehentlich auf Tschick`s Fuß fallen. Da ihr das leid tut und sie möchte, dass beide untersucht werden, fährt sie sie ins Krankenhaus. Auf der Fahrt dorthin lernen sie sich ein wenig kennen und die Jungen erzählen ihr, dass sie das Auto geklaut haben und nach Tschick`s Geständnis keine Krankenversicherung zu haben, verspricht sie die Kosten zu übernehmen. Da sie im Krankenhaus lange warten müssen haben, verlässt die Frau die beiden und lässt ihnen noch 200 € da.

Nachdem sie die Nacht im Krankenhaus verbracht haben, täuschen sie einen Anruf vor und fliehen dann zu Fuß, obwohl Tschick nicht sehr schnell unterwegs ist und Schmerzen hat. Sie gehen zum Lada zurück und da er noch läuft, muss nun Maik fahren, da Tschick dies mit seinem Gipsfuß nicht kann. Während der Fahrt verrät

Tschick, dass er homosexuell ist. Maik gesteht ihm im Gegenzug, dass er in Tatjana verliebt ist.

Als der zehnte Tag beginnt fahren sie wieder auf die Autobahn und fahren dort hinter einem Lastwagen her, welcher Schweine transportiert. Als sie den Laster überholen wollen, merken sie dass dieser die Kontrolle verliert und machen eine Vollbremsung als der Lastwagen zu kippen beginnt. Dennoch prallen sie direkt in den umgefallenen Laster hinein und Maik denkt, dass sein Leben in diesem Moment zu Ende ist. Doch sie überleben den Unfall, jedoch mit Verletzungen. Während Tschick versucht zu flüchten, hält sich Maik nur am Auto fest.

Mit diesem Unfall endet die Reise der beiden jugendlichen Abenteurer!

5. Gründe/ Motive für die Reise

5.1. „Die Harzreise"

Heinrich Heine verfasste sein Werk „Die Harzreise" hauptsächlich in den Jahren 1824 und 1825, als er sich an der Universität in Göttingen aufhielt.

Zu dieser Zeit war es üblich, dass Studenten der Göttinger Universität eine Reise durch den Harz mit Besteigung des Brockens unternahmen. So unternahm auch Heine solch eine Reise, da er damit auch seinen Körper kräftigen konnte, denn er hatte einen schlechten Gesundheitszustand aufzuweisen. [2]

Heine unternahm die Reise allein, auch wenn sie sonst meist in Gruppen unternommen wurde. In „Taschenbuch für Reisende durch den Harz" von Friedrich Gottschalck informierte sich Heine über den Reiseweg.

Schließlich brach Heinrich Heine im September zu seiner Harzreise auf und ging den bereits in 3.1. erläuterten Weg durch das Harzgebirge.

Seine auf eigenen Füßen unternommene Reise schrieb er nun von Mitte Oktober bis Dezember 1824 nieder und informiert seine Familie über seine Unternehmung.

Bis es zum endgültigen Druck seines Werkes kommt geht sein Manuskript durch die Hände eines Verlages sowie eines Zeitungsherstellers und erst der Verleger Campe druckt seine „Harzreise" mit einigen weiteren Beiträgen im Mai 1826. Zwischen der Reise selbst und der Veröffentlichung sind demnach knapp 2 Jahre verstrichen. Diese Prosawerkerscheinung erregt starke Kritik und dennoch wird Heine dadurch bekannt. In Göttingen, wo er die Reise begann und beendete wurde das Buch jedoch aufgrund von tief getroffenen Professoren verboten.

In den Folgejahren wurde sein Werk in verschiedenen Auflagen publiziert und dies trug bedeutend zu Heines Ruhm bei. Trotz alle dem hatte der Verleger Verkaufsprobleme, obwohl sich viele zu dem Werk äußerten und eine bedeutende Menge an Rezensionen erschienen.

5.2. „Tschick"

Maik Klingenberg, der Langweiler und Psycho. Tschick, der Russe. Beide sind nicht sehr beliebt in ihrer Klasse und somit weitestgehend Einzelgänger. Doch die bevorstehenden Sommerferien werden dies verändern.

Nachdem Maik von seinem Vater für 2 Wochen alleine Zuhause gelassen wird, weiß er nicht was er tun soll, obwohl er tun könnte was er will. Plötzlich taucht Tschick bei ihm auf und dies mit einem Auto. Erst ist Maik nicht begeistert davon, dass die beiden eine Runde mit dem gestohlenen Wagen drehen, doch er lässt sich auf die Spritztour ein.

Als die beiden gemeinsam einen Abend mit Videospielen verbringen, hat Tschick den Einfall, dass sie für einige Tage mit dem Auto verreisen sollten. Seine gewünschte Reise betitelt er als „normalen Urlaub", doch dem kann Maik nicht viel abgewinnen, da es für ihn nicht normal ist, dass sich zwei 14-jährige Jungen in einem geklauten Lada auf den Weg ins Unbekannte zu machen. Aber schließlich willigt er ein, denn solch ein Abenteuerurlaub würde den Ruf der beiden Jungen bestimmt ändern und vor allem bei Tatjana würde Maik sicherlich Eindruck hinterlassen und das wäre genau das, was er sich wünscht.

Und so beginnt die planlose Reise der beiden Jugendlichen. Keiner der beiden informiert seine Familie über ihren Trip, da sie keine gute Beziehung zu ihren Eltern haben. Ihre Handys lassen sie zu Hause, um nicht erreichbar zu sein und dass man sie nicht orten kann. Früh am Morgen starten sie ihre Reise in Richtung Rumänien genau genommen in die Walachei um angebliche Verwandte Tschick`s zu besuchen.

Mit Schlafsäcken, Essen, etwas Geld und allerlei unnützen Gepäck sind sie nun auf dem Weg ins Abenteuer und ihre Angst sie würden von der Polizei geschnappt werden, weil sie jemand erkennt, legt sich nur langsam.

Aber über wichtige Dinge wie Tanken haben sie sich bisher keine Gedanken gemacht und so müssen die Helden diese und weitere Hürden im Laufe ihrer Reise überwinden. Und all das nur um Spaß zu haben, etwas zu erleben und Aufmerksamkeit zu erregen. Doch genau das haben sie auch erreichen können auf ihrer Reise durch Ostdeutschland.

6. Personen und deren Bedeutung im Handlungsverlauf

6.1. „Die Harzreise"

Das Werk ist in Ich-Form verfasst Heinrich Heine wählte sich selbst als Erzähler seiner „Harzreise". Das ist zwar explizit an keiner Textstelle bewiesen, aber es ist eindeutig überliefert, dass er einen Abschnitt aus seiner vierwöchigen Wanderung im Herbst 1824 beschreibt.

Heine ist im gesamten Werk die Hauptperson. Er trifft viele bekannte und neue Gesichter. Zu Beginn der „Harzreise" erfährt man, dass das lyrische Ich Student in Göttingen ist und sich allein auf seine Studentenreise durch den Harz begibt. In der gleichen Reihenfolge seiner Reiseerlebnisse, sind diese niedergeschrieben und man kann die Reise chronologisch verfolgen. Tag und Nacht sowie Stadt und Land werden von Heinrich Heine gegenüber gestellt und unterschieden.

Viele Personen die Heine trifft beschreibt er näher und vergleicht diese zum Teil auch mit bekannten Personen. Das erste unbekannte Gesicht wird wie folgt beschrieben: „Der Erzähler jener Neuigkeit war ein Schneidergesell, ein niedlicher, kleine junger Mensch, so dünn, dass die Sterne durchschimmern konnten, wie durch Ossians Nebelgeister, und im ganzen eine volkstümlich barocke Mischung von Laune und Wehmut." [4] Mit diesem Schneidergesellen legt der Erzähler ein Stück seiner Reise zu Fuß zurück.

Auf seinem weiteren Weg geht er auch den Bruder des Bergmanns aus Klausthal besuchen. Einen „wohlgenährten Bürger von Goslar" [5] trifft er auf dem Weg dahin und geht ein Stück seiner Reise mit ihm gemeinsam.

Den Höhepunkt seiner Reise bildet die Übernachtung im Brockenhaus, nachdem er diesen zu Fuß bestiegen hat. Diesen Abend verbringt er mit einigen seiner Studienfreunden sowie anderen Reisenden, die auf dem Brocken übernachten. Als er auf sein Zimmer ging, sprach ihn sein, aus Frankfurt am Main stammender, Zimmernachbar an und versuchte ein Gespräch aufzubauen.

Am nächsten Morgen verhalf ihm der aufmerksame Wirt dazu, dass der Erzähler, zusammen mit anderen Gästen die genächtigt hatten, den wundervollen Sonnenaufgang von der Spitze des Brockens sehen konnte.

Gemeinsam mit den anderen Studenten begann Heine den Abstieg vom Brocken „durch die sogenannten Schneelöcher […] nach Ilsenburg."[6]

Verschiedene Charaktere, denen der Erzähler auf seiner Reise durch den Harz begegnete, waren für kurze Zeit nur seine Wegbegleiter und animierten ihn teils zum Einfügen eines Gedichtes und waren wesentlicher Bestandteil seiner Reise. Lediglich die Studenten die er kannte, begleiteten ihn längere Zeit und verbrachten so gemeinsam mit ihm den Höhepunkt sowie das Ende seiner Harzreise.

6.2. „Tschick"

Die Hauptpersonen, die das Abenteuer im Roman „Tschick" erleben, sind Maik Klingenberg und Andrej Tschichatschow. Beide sind 14 Jahre alt und gehen in die 8.Klasse des Gymnasiums.

In ihrer Klasse ist auch Maiks Schwarm Tatjana, die ihn zu Beginn des Romans nicht beachtet, aber sich sehr für ihn interessiert, als er nach den Sommerferien, mit sichtbaren Verletzungen von seiner Reise, in die Klasse zurückkehrt. Obwohl Maik zu ihrer Geburtstagsparty nicht eingeladen ist, zeichnet er für sie ein Portrait ihrer Lieblingssängerin. Mit viel Zureden von Tschick und Überwindung übergibt er ihr es. Auch wenn sie ihn nicht beachtet, empfindet er sehr viel für sie und er gesteht seinem besten Freund Tschick auf der Reise, dass er in sie verliebt ist.

Tschick und Maik haben anfangs, als Tschick neu in die Klasse kommt, keinen Kontakt, aber als die Sommerferien anfangen entwickelt sich eine innige und sehr gute Freundschaft zwischen den beiden. So stehlen sie gemeinsam den Lada, mit dem sie ihre Reise verbringen, überstehen zusammen Beschussattacken, kommen allein über die Runde und lernen vor allem was Freundschaft bedeutet.

Auf ihrer Reise begegnen sie auch einem ihrer Klassenkameraden, der aber für sie und den weiteren Handlungsverlauf keine Rolle spielt.

Sie lernen eine sehr hilfsbereite Familie kennen, die sie zum Mittagessen einlädt, als sie in einem kleinen Ort auf der Suche nach einem Einkaufsmarkt sind. Die Freundlichkeit und Hilfsbereitschaft der Familie beeindruckt sie, denn es ist eine völlig neue Erfahrung für die Jungen. Maik und Tschick sind begeistert vom Essen und freuen sich, als sie zum Abschied auch noch einen Kürbis geschenkt bekommen.

Die nächste Bekanntschaft machen sie mit einem Polizisten. Vor diesem flüchtet Tschick mit dem Auto, als der Polizist gemerkt hat, dass die beiden Jungen ohne Begleitung eines Erwachsenen unterwegs sind. Auch Maik macht sich aus dem Staub und nutzt dafür das Fahrrad des Polizisten. Von der Polizei werden sie nun auf ihrem weiteren Weg verfolgt und dies war die erste Bekanntschaft, die für den weiteren Verlauf ihrer Reise Folgen hat.

Zum Tanken halten sie an einer Raststätte. Da sie denken sie sind zu jung um alleine tankten zu gehen und nicht wissen wie es funktioniert, benötigen sie einen Schlauch, um Benzin aus anderen Autos klauen zu können. Sie laufen zurück zu einer Müllkippe. Dort treffen sie auf ein Mädchen, das hilft einen Schlauch zu finden. Als die Jungen mit dem Schlauch zurück zur Raststätte gehen, folgt ihnen Isa, das Mädchen von der Müllkippe. Während sie gemeinsam durch den Wald laufen erzählt Isa viel von sich und nach einer Weile gelingt es Maik und Tschick sie los zu werden. Aber auf dem Rastplatz taucht sie wieder auf und hilft den Jungs beim Benzinklau, da sie sieht, dass Maik und Tschick keine wirkliche Ahnung haben wie man Benzin aus Autos herausbekommt. Ab sofort reist Isa mit Maik und Tschick zusammen und obwohl Isa ununterbrochen erzählt, sind die Jungen dankbar für ihre Hilfe. Aber der unangenehme Körpergeruch Isas stört. Als sie nun an einen See kommen, werfen sie sie ins Wasser, damit sie sich waschen kann. Maik und Tschick springen ebenfalls ins Wasser und es scheint sich eine Freundschaft zwischen den dreien zu entwickeln. Aber das Verhältnis von Isa zu Maik ist intimer als das zu Tschick, denn als Isa Maik bittet ihre Haare zu schneiden und ihr Shirt dafür auszieht, fragt sie ihn ob sie Geschlechtsverkehr haben wollen und berührt ihn dabei sanft am Bein. Maik ist irritiert und lehnt ab, aber sie einigen sich darauf, es mit küssen zu versuchen. Die Freundschaft der drei besiegeln sie auf dem Gipfel eines Berges und beschließen, sich hier in 50 Jahren wieder zu treffen. Am Ende des Tages verlässt Isa die jungen Abenteurer und reist mit einem Bus weiter.

Auf der Weiterreise kommen Maik und Tschick in ein kleines Dorf und werden dort beschossen. Sie lernen den alten Mann Horst Fricke kennen und dieser erzählt ihnen von seinen Erlebnissen im Krieg und von seiner Freundin. Als sie ihn wieder verlassen gibt er ihnen ein Fläschchen mit einer Flüssigkeit mit, die sie nur im Notfall verwenden sollen. Sie riechen daran und da es stinkt, werfen sie es weg.

Auf der Rückfahrt verlieren sie die Orientierung. Ihr Auto rutscht einen Abhang hinunter und überschlägt sich mehrfach. Eine Frau eilt herbei die ihren Absturz gesehen hat und ihnen helfen will. Maik ist der Meinung sie ähnelt einem Nilpferd. Sie besteht darauf beide ins Krankenhaus zu fahren, nachdem sie auch noch einen Feuerlöscher auf Tschicks Fuß fallen gelassen hat. Während der Fahrt erfahren die Jungen, dass die Frau Sprachtherapeutin ist. Im Krankenhaus angekommen warten sie zu dritt. Es dauert zu lang bis sie zur Untersuchung aufgerufen werden, die Frau kann nicht länger warten und gibt ihnen 200€ für ihre Heimreise. Maik und Tschick sind überrascht und erfreut zugleich über diese Hilfsbereitschaft und Großzügigkeit der netten Sprachtherapeutin.

Als nächstes treffen sie auf den Arzt und eine Krankenschwester. Nachdem beide ärztlich versorgt wurden, besteht die Krankenschwester darauf, dass Maik und Tschick ein Familienmitglied informieren, welches sie abholen soll. Aus diesem Grund täuscht Maik einen Anruf bei seiner angeblichen Tante vor und telefoniert mitten in der Nacht mit einem fremden Mann, der auf sein Spiel eingeht und Maik und Tschick somit rettet. Die beiden Jungen gaukeln der Krankenschwester nun vor sie werden abgeholt und verlassen das Krankenhaus allein, um zurück zum Lada zu gelangen.

Die letzte Begegnung machen Maik und Tschick auf der Autobahn. Nachdem sie feststellen dass der Lada noch fährt, muss Maik aufgrund Tschicks Gipsbein fahren. Sie sprechen über ihre Sexualität und Tschick vertraut Maik an, dass er schwul ist. Die Freundschaft der beiden wird immer stärker. Als sie nun wieder auf der Autobahn fahren, fährt ein Tiertransporter vor ihnen. Der Versuch der beiden diesen zu überholen scheitert, als sie merken, dass der LKW keine Kontrolle mehr hat, umkippt und Maik und Tschick mit dem Lada in diesen hineinfahren. Alle Schweine aus dem Lastwagen rennen nun über die Autobahn und diese ist die letzte Bekanntschaft die Maik und Tschick auf ihrer Reise gemeinsam machen.

Nachdem einige Zeit vergangen ist, in der sich die Jungen nicht gesehen haben treffen sie sich vor Gericht wieder. Dort sagt Maik die Wahrheit und versucht dabei aber keine Schuld auf Tschick zu lasten. Jedoch kann er auf die Frage warum sie die Reise unternommen hatten nicht antworten und stimmt der rhetorischen Frage des Richters, ob sie nur Spaß haben wollten, zu. Tschick hingegen nimmt in seiner Aussage alle Schuld auf sich. Der Richter stellt fest, dass beide in der Familie vernachlässigt wurden, Tschick müsse ins Heim und Maik Sozialstunden leisten.

Eine letzte Begegnung mit der Polizei macht Mike als er zu Beginn der neunten Klasse in der Schule von Polizisten aufgesucht wird und gefragt wird, ob er oder Tschick mit einem Autounfall vor einigen Tagen zu tun hätten. Beide haben aber ein Alibi und sind unschuldig.

Später erhält Maik von Isa einen Brief, indem sie ihr Kommen nach Berlin ankündigt und Maik ist überglücklich.

Abschließend genießt Maik die gemeinsame Zeit mit seiner Mutter. Sie springen gemeinsam in den Pool. Unter Wasser blickt er zur Oberfläche und er erinnert sich plötzlich an seinen Urlaub in den Sommerferien mit Tschick zurück.

7. formaler und sprachlicher Vergleich

In beiden Werken kann man eindeutig feststellen, dass ein Ich-Erzähler von der Reise berichtet. Ebenso ist bei „Tschick" sowie „Die Harzreise" die Handlungszeit die Gegenwart, aber diese wird von Rückblicken und Ergänzungen unterbrochen, um die momentane Situation zu erläutern oder zu unterstützen.

Während Herrndorfs „Tschick" in Kapitel unterteilt ist, verfasste Heine seine Prosa „Harzreise" als fortlaufende Erzählung, die in gewissen Abständen von Gedichten unterbrochen wird.

In Herrndorfs Roman findet man 49 Kapitel, von welchen die ersten vier auf der Polizeistation und im Krankenhaus spielen. In den nachfolgenden sieben Kapiteln erzählt Maik Klingenberg von seinen letzten vier Schuljahren. Mit dem zwölften Kapitel beginnen die Sommerferien und bis Kapitel 44 berichtet Maik von seiner 13-tägigen Reise mit Tschick durch Ostdeutschland. In den letzten vier Kapiteln befinden sich Maiks Erzählungen und Erlebnisse aus dem neuen Schuljahr.

Heines Prosa ist in seiner fortlaufenden Erzählweise von sechs Gedichten unterbrochen. Das erste ist der Auftakt der „Harzreise". Ein zweites folgt nur zehn Seiten später und wird von Heine als Lied bezeichnet. In der Mitte des Werkes findet man das dritte Gedicht vor, welches die Aneinanderreihung von 3 einzelnen Texten ist. Nur wenige Seiten später schiebt sich das fünfte Gedicht ein. Dieses ist ein Dankeslied. Das letzte Gedicht hat Heine in seinem Werk 10 Seiten vor Schluss eingefügt und mit nur 16 Versen als kürzestes Gedicht seinen Platz in der „Harzreise" einnimmt.

Nicht nur der Aufbau der beiden Bücher ist verschieden, sondern auch die Sprache ist nicht identisch. Auch wenn beide Autoren ihre Werke in Deutsch verfasst haben, erkennt man, dass sie in unterschiedlichen Jahrhunderten geschrieben wurden, da sich Wortwahl sowie Ausdrucksform im Allgemeinen unterscheiden.

Während Heine oft lange, über mehrere Zeilen reichende Sätze verwendet, wechselt sich die Wahl von kurzen und langen Sätzen in „Tschick" ab. Heines „Harzreise" aus dem 19.Jahrhundert ist stets aus der Sicht Heines geschildert und wird nur selten von wörtlicher Rede unterbrochen. Herrndorfs Roman hingegen ist verstärkt von Gesprächen geprägt. (Vgl. S.20 „Tschick").

Heines Prosawerk wird gelegentlich von Gedichten unterbrochen. Seine Sprache wechselt zwischen euphorischen Schilderungen und spöttischen Kommentaren. „Die Harzreise" wird als „Tendenzdichtung" bezeichnet. Das ist die Literatur junger Autoren aus der Zeit vor der Revolution 1848. Dabei stehen die politischen Verhältnisse der deutschen Teilstaaten im Mittelpunkt scharfer Kritik.

Ebenso ist die Wortwahl verschieden, denn während Heine stets neutrale Ausdrucksformen in angemessenem Deutsch verwendet, schreibt Herrndorf die Dialoge zwischen Maik und Tschick sowie besonders Tschick und Isa mit Elementen aus der Jugendsprache sowie auch mit beleidigenden Ausdrücken.

Des Weiteren fällt auf, dass Heine in „Die Harzreise" historische Fakten und Erläuterungen einfließen lässt, die man bei Herrndorf nicht finden kann. In „Tschick" sind lediglich erläuternde Erzählungen von Maik aus seiner Kindheit zu finden.

Insgesamt kann man demnach feststellen, dass sich zwar beide Texte mit dem Reisen beschäftigen, sich aber in Form und Sprache deutlich unterscheiden.

8. Schluss

Nach eingehender Studie der Literatur, „Die Harzreise" und „Tschick", lässt sich feststellen, dass Reisen auf völlig verschiedene Weise aufgearbeitet werden kann.

Heinrich Heine zeichnete mit seinem Werk nicht nur ein Landschaftsbild, sondern er macht seine Leser mit den unterschiedlichen Charakteren seiner Wanderbegleiter und Mitbewohner in den Nachtquartieren vertraut. Er beschreibt und wertet die Personen, denen er begegnet.

„Tschick" hingegen legt sein Hauptaugenmerk nicht auf die Reise selbst. Herrndorfs Buch ist ein Roadmovie-Roman. Man begegnet vielen kauzigen Figuren und seltsame Situationen reihen sich aneinander. Die Reise wird als Abenteuer dargestellt, sie hat Auswirkungen auf die Hauptakteure.

Die Arbeit mit beiden Stoffen hat mir sehr gut gefallen, aber das Lesen des älteren Werkes von Heine war eher schwierig. Durch die intensive Beschäftigung mit den literarischen Stoffen hat sich meine Aussage vom Beginn, das Reisen nicht nur Urlaub ist, nochmals bestätigt und verstärkt. Denn besonders bei „Tschick" habe ich erkannt, dass Reisen weit mehr ist als nur der Aufenthalt an anderen Orten, denn die Reise der Persönlichkeit, die bei Maik und Tschick besonders deutlich wurde, prägte die Beziehung der Jungen wesentlich.

9. Literaturverzeichnis und Quellenverweise

Verwendete Literatur:

Bücher:

- Heine Heinrich – Die Harzreise
- Herrndorf Wolfgang – Tschick
- Königs Erläuterungen – Heinrich Heine: Die Harzreise
- Königs Erläuterungen – Herrndorf Wolfgang: Tschick

Quellenverweise:

[1] Eingangsseite seines Blogs, abrufbar unter http://www.wolfgang-herrndorf.de/

[2] Klaus Bahners, Gerd Eversberg, Reiner Poppe: Königs Erläuterungen und Materialien zu Heinrich Heine Harzreise, Hollfeld 1984, S.66

[3] Thomas Möbius: Königs Erläuterungen zu Wolfgang Herrndorf Tschick, Hollfeld 2014, S.40

[4] Heinrich Heine: Die Harzreise, Stuttgart 1955, S.17

[5] Heinrich Heine: Die Harzreise, Stuttgart 1955, S.39

[6] Heinrich Heine: Die Harzreise, Stuttgart 1955, S.71